RÉPERTOIRE DRAMATIQUE
EN MINIATURE.

LES ACADÉMICIENS,

COMÉDIE HISTORIQUE

EN TROIS ACTES ET EN VERS,

PAR SAINT-ÉVREMONT,

Avec Notes et Commentaires.

Paris,

*SON, LIBRAIRE-ÉDITEUR,

*-Royal, galerie de bois.

1826.

LES ACADÉMICIENS,

COMÉDIE.

IMPRIMERIE D'AUGUSTE BARTHELEMY,
Rue des Grands-Augustins, n. 10.

LES ACADÉMICIENS,

COMÉDIE HISTORIQUE

EN TROIS ACTES ET EN VERS,

PAR SAINT-ÉVREMONT,

Avec Notes et Commentaires.

Paris,

SANSON, LIBRAIRE-ÉDITEUR,

Palais-Royal, galerie de bois.

1826.

PETIT AVANT-PROPOS.

Il y a dans cette comédie, écrite en 1643 et peu connue à présent, tant de choses curieuses et tant d'allusions à l'Académie actuelle, que nous la publions avec l'espoir qu'elle piquera la curiosité publique. On remarquera parmi les académiciens d'alors, comme parmi les nôtres, beaucoup de noms peu connus ; et on verra qu'il ne suffit pas d'être assis parmi les quarante pour être immortel.

PERSONNAGES.

M. le chancelier SÉGUIER, protecteur de l'Académie française.
SERISAY, directeur de l'Académie.
DES MARETS, chancelier de l'Académie.
GODEAU, évêque de Grasse et de Vence.
GOMBAULD.
HABERT.
FARET.
CHAPELAIN.
BOISROBERT.
SILHON.
COLLETET.
GOMBERVILLE.
SAINT-AMANT.
COLOMBY.
BAUDOIN.
L'ESTOILE.
PORCHÈRES-D'ARBAUD.
Mademoiselle DE GOURNAI.

La scène est à Paris, dans la maison où s'assemblait l'Académie.

LES ACADÉMICIENS,
COMÉDIE (1).

ACTE PREMIER.

SCÈNE I.

SAINT-AMANT, FARET.

SAINT-AMANT.
FARET, qui ne rirait de notre académie ?
A-t-on vu de nos jours une telle infamie ?
Passer huit ou dix ans à reformer six mots !
Par Dieu, mon cher Faret, nous sommes de grands sots.
FARET.
Tant sots qu'il vous plaira : mais les premiers de France,
Sont les admirateurs de notre suffisance.
Quoi ! trouvez-vous mauvais que de pauvres auteurs
Devant les ignorans s'érigent en docteurs ?
S'ils peuvent se donner du crédit, de l'estime,
L'erreur des abusés n'est pas pour eux un crime.
Après tout, où trouver de ces rares savans
Dont le nom immortel percera tous les ans ?
Si pour l'académie il faut tant de science,
Vous, et moi, pourrions bien ailleurs prendre séance.
SAINT-AMANT.
Oui : mais je n'aime pas que monsieur de Godeau,
Excepté ce qu'il sait, ne trouve rien de beau :
Qu'un fat de Chapelain aille en chaque ruelle
D'un ridicule ton réciter sa Pucelle (2);

Ou que dur et contraint en ses vers amoureux,
Il fasse un sot portrait de l'objet de ses vœux :
Que son esprit stérile et sa veine forcée
Produisent de grands mots qui n'ont sens, ni pensée.
Je voudrais que Gombauld, l'Estoile et Colletet,
En prose comme en vers eussent un peu mieux fait :
Que des Amis rivaux (3), Boisrobert ayant honte,
Revint à son talent de faire bien un conte.
Enfin...

FARET.

Vous avez tort de mépriser Godeau :
Il a l'esprit fertile, et le tour assez beau :
Tout le défaut qu'il a, soit en vers, soit en prose,
C'est qu'en trop de façons il dit la même chose.
L'Estoile fait des vers avec le Cardinal (4) :
Colletet est bon homme et n'écrit pas trop mal :
Boisrobert est plaisant autant qu'on saurait l'être ;
Il s'est assez bien mis dans l'esprit de son maître (5) ;
A tous ses madrigaux il donne un joli tour,
Et ferait des leçons aux Grecs de leur amour (6).
Baudoin fait des vers au-dessous des images,
Mais Davila traduit est un de ses ouvrages (7).
Gombaud pour un châtré ne manque pas de feu...
J'entends quelqu'un qui monte ; arrêtons-nous un peu :
Je commence à le voir, c'est l'évêque de Grasse.

SAINT-AMANT.

Il faut se retirer, et lui quitter la place ;
Nous reviendrons tantôt : allons, mon cher Faret,
Trouver proche d'ici quelque bon cabaret.

SCÈNE II.

GODEAU, COLLETET.

GODEAU.

Eh quoi ! chers nourrissons des filles de mémoire,
Qui sur les temps futurs obtiendrez la victoire ;

Beaux mignons de Pallas, vrais favoris des dieux,
Vous n'êtes pas encore arrivés en ces lieux!
Seriez-vous bien si tard assis encore à table?
Non; les plus grands festins n'ont pour vous rien d'aimable.
Mais voici Colletet, qui hâte un peu le pas :
Je l'ai toujours connu sobre dans ses repas (8).
Bonjour, cher Colletet.

COLLETET, se jette à genoux.

Grand évêque de Grasse,
Dites-moi, s'il vous plaît, comme il faut que je fasse :
Ne dois-je pas baiser votre sacré talon ?

GODEAU.

Nous sommes tous égaux, étant fils d'Apollon.
Levez-vous, Colletet.

COLLETET.

Votre magnificence
Me permet, monseigneur, une telle licence.

GODEAU.

Rien ne saurait changer le commerce entre nous :
Je suis évêque ailleurs, ici Godeau pour vous.

COLLETET.

Très-révérend seigneur, je vais donc vous complaire.

GODEAU.

Attendant nos messieurs que nous faudra-t-il faire ?

COLLETET.

Je suis près d'obéir à votre volonté.

GODEAU.

Parlons comme autrefois avecque liberté ;
Vous savez, Colletet, à quel point je vous aime.

COLLETET.

Seigneur, votre amitié m'est un honneur extrême.

GODEAU.

Oh bien! seul avec vous, ainsi que je me vois,
Je vais prendre le temps de vous parler de moi.
Avez-vous vu mes vers?

COLLETET.
　　　　　Vos vers, je les adore;
Je les ai lus cent fois, et je les lis encore.
Tout en est excellent, tout est beau, tout est net,
Exact et régulier, châtié tout-à-fait.
GODEAU.
Manquai-je en quelque endroit à garder la césure?
Y peut-on remarquer une seule hiature?
Suis-je pas scrupuleux à bien choisir les mots?
Ne fais-je pas parler chacun fort à propos?
Le decorum latin, en français bienséance,
N'est si bien observé nulle part que je pense.
Colletet, je me loue; il le faut avouer:
Mais c'est fort justement que je me puis louer.
COLLETET.
Vous êtes de ceux-là qui peuvent dans la vie
Mépriser tous les traits de la plus noire envie.
Vous n'aviez pas besoin de votre dignité
Pour vous mettre à couvert de la malignité.
GODEAU.
On se flatte souvent: mais si je ne m'abuse,
S'attaquer à Godeau, c'est se prendre à la muse;
Et le plus envieux se verrait transporté,
S'il lisait une fois son bénédicité (9).
O l'ouvrage excellent!
COLLETET.
　　　　　O la pièce admirable!
GODEAU.
Chef-d'œuvre précieux!
COLLETET.
　　　　　Merveille incomparable!
GODEAU.
Que peut-on désirer après un tel effort?
COLLETET.
Qui n'en sera content aura, ma foi, grand tort.
Mais sans parler de moi trop à mon avantage,

Suis-je pas, monseigneur, assez grand personnage ?
GODEAU.
Colletet, mon ami, vous ne faites pas mal.
COLLETET.
Moi ! je prétends traiter tout le monde d'égal,
En matière d'écrits ; le bien est autre chose :
De richesse et de rang la fortune dispose.
Que pourriez-vous encor reprendre dans mes vers?
GODEAU.
Colletet, vos discours sont obscurs et couverts.
COLLETET.
Il est certain que j'ai le style magnifique.
GODEAU.
Colletet parle mieux qu'un homme de boutique.
COLLETET.
Ah ! le respect m'échappe ; et mieux que vous aussi.
GODEAU.
Parlez bas, Colletet, quand vous parlez ainsi.
COLLETET.
C'est vous, monsieur Godeau, qui me faites l'outrage.
GODEAU.
Voulez-vous me contraindre à louer votre ouvrage?
COLLETET.
J'ai tant loué le vôtre !
GODEAU.
Il le méritait bien.
COLLETET.
Je le trouve fort plat, pour ne vous céler rien.
GODEAU.
Si vous en parlez mal, vous êtes en colère.
COLLETET.
Si j'en ai dit du bien, c'était pour vous complaire.
GODEAU.
Colletet, je vous trouve un gentil violon.
COLLETET.
Nous sommes tous égaux, étant fils d'Apollon.

GODEAU.
Vous, enfant d'Apollon ? vous n'êtes qu'une bête.
COLLETET.
Et vous, monsieur Godeau, vous me rompez la tête.

SCÈNE III.

SERISAY, GODEAU, COLLETET.

SERISAY, à Godeau.
Qu'avez-vous, monseigneur ? je vous vois tout ému ?
GODEAU.
Colletet m'insulter ? qui l'aurait jamais cru ?
COLLETET.
Traiter un vieil auteur avec cette infamie !
C'est affronter en moi toute l'Académie.
GODEAU.
Mais quelle est cette injure, et d'où vient tant de mal ?
Colletet, mon ami, vous ne faites pas mal :
Vous parlez un peu mieux qu'un homme de boutique.
Et mieux que vous, Godeau ! car, enfin, je m'explique ;
Et notre directeur le saura comme vous.
SERISAY.
Modérez, Colletet, modérez ce courroux.
Offenser un prélat à qui l'on doit hommage,
C'est d'un homme insensé faire le personnage.
COLLETET.
Je sais bien respecter Godeau comme prélat ;
Mais Godeau comme auteur, je le trouve fort plat.
GODEAU.
Ma colère se passe, et je veux sans murmure,
En prélat patient endurer cette injure.
COLLETET.
Moi, je veux recevoir la satisfaction
Du tort qu'a pu souffrir ma réputation.

O, d'un humble prélat, patience parfaite!
Il parle d'endurer l'injure qu'il a faite;
Pardonner à des gens que l'on a maltraités,
Ce sont du bon Godeau les générosités.

GODEAU.

Eh bien! cher Colletet, je ferai davantage,
Vous serez reconnu pour un grand personnage.
Soyons, je vous conjure, amis de bonne foi;
Et vous saurez écrire et parler mieux que moi.

COLLETET.

Ordonnez, monseigneur, ce qu'il faut que je fasse :
J'ai plus failli que vous, et je demande grâce.
   Que partout on exalte, et partout soit chanté,
De ce divin prélat le bénédicité.
O l'ouvrage excellent! O la pièce admirable!
Chef-d'œuvre précieux! Merveille incomparable!
Que partout on exalte, et partout soit chanté,
De ce divin prélat le bénédicité.

GODEAU.

Qu'en tous lieux on exalte, et qu'en tous lieux on chante,
De notre Colletet la cane barbotante (10) :
Ces beaux vers que le temps ne saurait effacer,
Et qu'un grand cardinal voulut récompenser.
C'est là que Colletet si vivement explique,
Du canard amoureux la Vénus aquatique.
Qu'au sens de Richelieu, le roi ne pourrait pas,
De tout l'or du royaume en payer les appas.

SERISAY.

Nous sommes tous contens; la discorde est finie.
   Au reste, l'heure approche où se doit terminer,
La réforme des mots que nous allons donner;
Et par qui nous aurons la gloire sans seconde,
D'établir le français en tous les lieux du monde.

COLLETET.

Monsieur le chancelier ne doit venir que tard.

SERISAY.
Donc pour un peu de temps, allons quelque autre part.

SCÈNE IV.

PORCHÈRES, D'ARBAUD, COLOMBY.

PORCHÈRES.
Illustre Colomby, vrai cousin de Malherbe (11),
De ton mérite seul glorieux et superbe ;
Parmi tous les auteurs en voit-on aujourd'hui
Qui puissent approcher ou de vous, ou de lui?

COLOMBY.
Malherbe ne vit plus ; Bertaut n'est plus au monde :
D'ignorance et d'erreur toute la terre abonde (12).

PORCHÈRES.
Desportes a subi notre commun destin ;
Passerat a vécu ; j'ai vu mourir Rapin :
Et c'étaient les auteurs, dont l'illustre génie
Aurait pu faire honneur à notre compagnie.

COLOMBY.
Vous savez que j'avais auprès du potentat,
La charge d'orateur des affaires d'état.

PORCHÈRES.
Et vous n'ignorez pas que j'eus dans la régence,
Des nocturnes plaisirs la suprême intendance (13) ;

COLOMBY.
Or n'étant point payé de mes appointemens.

PORCHÈRES.
Détrompé que je suis de tous amusemens ;

COLOMBY.
Je vais faire leçon aux gens de nos provinces,
Du peu de gain qu'on fait au service des princes.

PORCHÈRES.
J'abandonne la cour, et vais dans chaque lieu,
Louer la reine-mère, et blâmer Richelieu.

COLOMBY.
Aux auteurs assemblés prenez le soin de dire,
Que las de mes emplois, enfin je me retire.
PORCHÈRES.
C'est la forme ordinaire : et quiconque a quitté,
Leur a fait en quittant cette civilité.
COLOMBY.
Vous direz de ma part, sans aucune autre forme,
Qu'au lieu de réformer les mots, je me réforme.
PORCHÈRES.
Je traiterai la chose un peu moins durement,
Et leur ferai pour moi le même compliment.

ACTE SECOND.

SCÈNE I.

CHAPELAIN, *seul, faisant des vers avec un soin ridicule.*

Tandis que je suis seul, il faut que je compose
Quelque ouvrage excellent, soit en vers, soit en prose.
La prose est trop facile; et son bas naturel
N'a rien qui puisse rendre un auteur immortel :
Mais d'un sens figuré la noble allégorie,
Des sublimes esprits sera toujours chérie.
Par son divin pouvoir nos écrits triomphans,
Passent de siècle en siècle, et bravent tous les ans.
Je quitte donc la prose et la simple nature,
Pour composer des vers, où règne la figure.

  Qui vit jamais rien de si beau,

(Il me faudra choisir pour la rime, Flambeau.)

  Que les beaux yeux de la comtesse (14)?

(Je voudrais bien aussi mettre en rime déesse :)

  Qui vit jamais rien de si beau,
  Que les beaux yeux de la comtesse?
  Je ne crois point qu'une déesse
  Nous éclairât d'un tel flambeau.

  Aussi peut-on trouver une âme
  Qui ne sente la vive flamme
  Qu'allume cet œil radieux?

Radieux me plaît fort : un œil plein de lumière,
Et qui fait sur nos cœurs l'impression première,
D'où se forment enfin les tendresses d'amour.
Radieux ! j'en veux faire un terme de la cour.

    Sa clarté qu'on voit sans seconde,
    Éclairant peu à peu le monde,
    Luira même un jour pour les dieux.

Je ne suis pas assez maître de mon génie,
J'ai fait sans y penser une cacophonie :
Qui me soupçonnerait d'avoir mis peu à peu ?
Ce désordre me vient pour avoir trop de feu.

    Qui vit jamais rien de si beau,
    Que les beaux yeux de la comtesse ?
    Je ne crois point qu'une déesse,
    Nous éclairât d'un tel flambeau.

    Aussi peut-on trouver une âme
    Qui ne sente la vive flamme
    Qu'allume cet œil radieux ?
    Sa clarté qu'on voit sans seconde,
    S'épand déjà sur tout le monde,
    Et luira bientôt pour les dieux.

Voilà ce qui s'appelle écrire avec justesse !
Et ce qui m'en plaît plus, tout est fait sans rudesse :
Car tout ouvrage fort a de la dureté,
Si par un art soigneux il n'est pas ajusté.

    Chacun admire en ce visage,
    La lumière de deux soleils ;
    Si la nature eût été sage,
    Le ciel en aurait deux pareils.

Que voilà de beaux vers ! l'auguste poésie !
» Phébus, éclaire encore un peu ma fantaisie :
» Divin père du jour, qui maintient l'univers,
» Donne-moi cette ardeur qui fait faire des vers.

» Ranime mes esprits, et dans mon sang rappelle
» La féconde chaleur qui forma la pucelle.
» Par l'Épithète alors je me rendis fameux :
» Alors le mont Olympe à son pied sablonneux ;
» Alors hideux, terrible, affreux, épouvantable,
» Firent dans mes écrits un effet admirable.
» Divin père du jour, qui maintient l'univers,
» Redonne-moi l'ardeur qui fit faire ces vers. »

  Le teint qui paraît sur sa face,
  Est plus uni que n'est la glace,
  Plus clair que le ciel cristalin :
  Où trouver un pinceau qui touche
  Les charmes de sa belle bouche,
  Et l'honneur du nez aquilin ?

Cette comparaison me semble assez bien prise :
Il n'est rien de plus uni qu'un cristal de Venise ;
Et les cieux qui ne sont formés d'aucun métal,
Pourraient, à mon avis, être faits de cristal.
Aquilin ne vient pas fort souvent en usage,
Mais il convient au nez du plus parfait visage ;
Tous les peintres fameux veulent qu'un nez soit tel.
Oublier aquilin, est un péché mortel.

  Chacun admire en ce visage,
  La lumière de deux soleils ;
  Si la nature eût été sage,
  Le ciel en aurait deux pareils.

  Le teint qui paraît sur sa face,
  Est plus uni que n'est la glace,
  Plus clair que le ciel cristalin ;
  Où trouver un pinceau qui touche
  Les charmes de sa belle bouche,
  Et l'honneur du nez aquilin ?

Ainsi peignaient les Grecs des beautés achevées,
De l'injure des ans par leurs écrits sauvées.

Je n'ai fait que vingt vers, mais tous vers raisonnés,
Magnifiques, pompeux, justes, et bien tournés.
Par un secret de l'art, d'une grande déesse
J'oppose les appas à ceux de ma comtesse ;
Et des charmes divins dans l'opposition,
    Je fais voir la confusion.
  Quant à l'autre couplet, j'y reprends la nature
Qui des corps azurés a formé la structure,
De n'avoir su placer à ce haut firmament
    Qu'un soleil seulement.
La comtesse en a deux : c'est au ciel une honte,
Qu'un visage ici bas en soleils le surmonte.
  J'achève heureusement : il me fallait finir ;
Aussi bien nos auteurs commencent à venir.

SCÈNE II.

SERISAY, CHAPELAIN, SILHON, BOISROBERT.

SERISAY, à Chapelain.
Vous attendiez ici cette heure fortunée
Où la réforme enfin doit être terminée.

CHAPELAIN.
Depuis plus de huit ans nous attendons ce jour,
Où doit être réglé tout langage de cour.
Mais que les ignorans vont en dire d'injures !

SERISAY.
Nous saurons mépriser de sots et vains murmures.

BOISROBERT.
Nous allons bientôt voir un de nos mécontens,
Résolu de se plaindre et de nous et du temps.

CHAPELAIN.
C'est Silhon irrité contre l'Académie,
Et prêt à la traiter de mortelle ennemie.

SERISAY.
Et de sa haine encor quel est le fondement ?

CHAPELAIN.
Nous réformons un mot propre au raisonnement.
Il laissera sans *or* tous discours politiques,
Et n'écrira jamais des affaires publiques.
Silhon est violent; s'il parle contre nous.....
SERISAY.
Monsieur le chancelier calmera son courroux.
BOISROBERT.
Faut-il un chancelier pour calmer sa colère?
Godeau m'a répondu d'entreprendre l'affaire;
Il doit attaquer *or*, que Silhon aime tant,
Aussi bien que *parfois, pour, ce que* et *d'autant.*
SILHON *entre.*
A dire vrai, messieurs, c'est une chose étrange;
On a beau mériter honneur, gloire, louange;
Affermir tant qu'on peut l'autorité des lois;
Faire servir à Dieu, travailler pour les rois;
Prescrire le devoir et du peuple et du prince;
Instruire un potentat à régler sa province (15),
Il faut avoir l'affront de voir des esprits doux,
Gagner chez nos auteurs plus de crédit que nous.
SERISAY.
Ce n'est pas d'aujourd'hui qu'on voit cette injustice.
BOISROBERT.
Ce n'est pas d'aujourd'hui qu'on a vu du caprice.
SILHON.
Les siècles, Boisrobert, sont assez différens:
On blâmait autrefois les hommes ignorans;
La science aujourd'hui donne fort peu d'estime.
En savoir plus que vous n'est pas un petit crime.
BOISROBERT.
J'aime les ignorans d'avoir tant de bonheur.
SILHON.
Vous n'avez pas manqué d'acquérir cet honneur.
SERISAY.
Eh! pour l'amour de moi finissez la querelle:

Soyons, soyons unis d'une amitié fidelle.
Encor, monsieur Silhon, de quoi vous plaignez-vous?
BOISROBERT.
Un mot qu'on veut changer lui donne ce courroux.
SILHON.
C'est un mot, il est vrai, mais de grande importance.
BOISROBERT.
On pourrait s'en passer bien mieux que de finance.
SILHON.
Il est pourtant utile, et le sera toujours.
Or, trouve bien sa place en de graves discours.
En affaire, au barreau, dans la théologie,
Or est fort positif, et de grande énergie.
SERISAY.
Je vois venir à nous la sibylle Gournai.
Quel supplice, bon Dieu! m'avez-vous ordonné!
SILHON.
Elle mérite bien que vous fassiez cas d'elle.
BOISROBERT.
A soixante et dix ans elle est encor pucelle.

SCÈNE III.

MADEMOISELLE DE GOURNAI, SERISAY, BOIS-ROBERT, SILHON.

MADEMOISELLE DE GOURNAI.
Je vous ai bien cherché, monsieur le président.
SERISAY.
Baissez-vous, Boisrobert, et ramassez sa dent.
BOISROBERT.
C'est une grosse dent qui vous était tombée,
Et qu'un autre que moi vous aurait dérobée.
SILHON.
Montagne en perdit une âgé de soixante ans.

MADEMOISELLE DE GOURNAI.
J'aime à lui ressembler, même à perdre les dents (16).
Mais apprenez de lui que par toute la Grèce
C'était comme un devoir d'honorer la vieillesse ;
Et le vieil âge en vous sera peu respecté,
Si vous en usez mal dans la virilité.
Montagne s'employait à corriger le vice,
Et bien connaître l'homme était son exercice.
Il n'aurait pas cuidé pouvoir tirer grands lots
Du stérile labeur de réformer des mots.

BOISROBERT.
Vous fûtes ennemie en tout temps du langage.

MADEMOISELLE DE GOURNAI.
Le sens à mon avis vous eût rendu plus sage.
Avec tous mes vieux mots encore ma raison,
Parmi les gens sensés se trouve de saison.

BOISROBERT.
Je l'avoue aisément ; et votre expérience,
Nymphe des premiers ans, vaut mieux que la science.

MADEMOISELLE DE GOURNAI.
On méprisait un fourbe au temps que je vous dis.
Boisrobert le plaisant eût été gueux jadis :
Et Montagne et Charron avaient l'âme trop forte,
Pour demeurer toujours au recoin d'une porte,
Occuper jour et nuit leurs plus grands ennemis,
Et des grands de la cour être valets soumis.

BOISROBERT.
Ce sont là des raisons que le démon vous dicte.
Comment, vieille Gournai, vous aimez la vindicte ?
Qui vous fait détracter ? qui vous met en courroux ?

MADEMOISELLE DE GOURNAI.
Montagne haïssait les menteurs et les fous.
Poursuivez, savantaux, à réformer la langue.

SERIZAI.
Allez-vous-en ailleurs faire votre harangue.

MADEMOISELLE DE GOURNAI.
Otez *moult* et *jaçoit*, bien que mal à propos :
Mais laissez pour le moins *blandice*, *angoisse* et *los*.
SERISAY.
Tout ainsi que l'esprit est vague et contournable,
De même le discours doit être variable :
Les termes ont le sort qu'on voit au genre humain,
Un mot vit aujourd'hui, qui périra demain.
L'usage parmi nous est fort ambulatoire.
MADEMOISELLE DE GOURNAI.
Vous raillez sottement la vérité notoire.
Il mourra, *tout ainsi*, que je vois méprisé :
Mais devant lui mourront les vers de Serisay.

ACTE TROISIÈME.

SCÈNE I.

M. LE CHANCELIER, GODEAU, CHAPELAIN, BOISROBERT, SERISAY, PORCHÈRES, DES MARETS.

M. LE CHANCELIER.

C'EST aujourd'hui, messieurs, qu'on révèle à la France
Les mystères secrets de la vraie éloquence :
Les muses, qui du ciel ont descendu chez nous,
Vous rendent par ma bouche un oracle si doux.
C'est à tort, grands auteurs, que la Grèce se vante;
La Rome des Latins n'est plus la triomphante;
L'Italie aujourd'hui tombe dans le mépris,
Et les muses n'ont plus de séjour qu'à Paris.

GODEAU.

Qui croirait, monseigneur, que ces enchanteresses,
Que les neuf belles sœurs, nos divines maîtresses,
Vinssent ici flatter nos esprits et nos sens,
Si vous n'aviez aimé leurs charmes innocens?

CHAPELAIN.

Vous voyez les choses futures,
Malgré les nuits les plus obscures
Qui couvrent le bien de l'état :
Vous voyez tout ce qu'il faut faire,
Au rebours du sens populaire,
Pour maintenir le potentat.

BOISROBERT.

Superbes filles de mémoire,
Venez accroître mon ardeur;

Je vais travailler à la gloire
D'une incomparable grandeur.....
Que le style élevé me paraît incommode !
Je n'ai pas le talent qu'il faut pour faire une ode.
M. LE CHANCELIER.
Que chacun se réduise au mérite d'auteur ;
J'estime le savant, et je hais le flatteur.
Mes louanges, messieurs, ne sont pas nécessaires,
Et vous avez ici de plus grandes affaires.
SERISAY.
Porchères semble avoir dessein de nous parler.
PORCHÈRES.
Quatre mots seulement, messieurs ; puis m'en aller.
Monsieur de Colomby m'a chargé de vous dire
Que las de ses emplois, enfin il se retire :
Et vous saurez aussi qu'ennuyé de la cour,
Je vais chercher ailleurs un tranquille séjour.
SERISAY.
Vous nous voyez pensifs, mornes et taciturnes,
De perdre l'intendant de nos plaisirs nocturnes :
Et vous ferez savoir au muet orateur
Des affaires d'état, le fonds de notre cœur.
Nous regrettons beaucoup un si grand personnage,
Et ne suivrons pas moins notre important ouvrage.
DES MARETS.
Je ne vois point ici Saint-Amant ni Faret ;
Que sont-ils devenus ?
GODEAU.
Ils sont au cabaret.
DES MARETS.
Ils sont au cabaret ! messieurs, quelle impudence !
Voyez parmi nous un chancelier de France,
Qui vient de son logis en ce méchant quartier (17),
Sachant bien le respect que l'on doit au métier ;
Et ces vieux débauchés, au mépris de la gloire,
Lorsque nous travaillons font leur plaisir de boire.

GODEAU.
Je vois entrer Faret suivi de Saint-Amant.
CHAPELAIN.
Et si je ne me trompe ils ont bu largement.

SCÈNE II.

SAINT-AMANT, FARET, CHAPELAIN, GOMBAULD, SERISAY, M. LE CHANCELIER, etc.

SAINT-AMANT.
Pour tout emploi chez vous, seigneurs académiques,
Nous serons vos buveurs et poètes bacchiques.
FARET.
Nous perdons le respect; mais, ô grand chancelier,
Vous aurez la bonté de vouloir l'oublier.
CHAPELAIN.
Il ne vous reste plus qu'à parler de la guerre,
Qui dans le cabaret se fait à coup de verre.
GOMBAULD.
Qu'à dire des chansons qui vantent la liqueur
Dont le père Bacchus réjouit votre cœur.
SAINT-AMANT.
Prenez soin de notre langage
Auteurs polis et curieux,
Et nous laissez le doux usage
D'un vin frais et délicieux.

Que d'Apollon la docte troupe
Vieillisse à réformer les mots;
Celle de Bacchus, dans la coupe
Ira chercher sa joie et trouver son repos.
FARET.
Si l'esprit et la suffisance,
Si l'avantage de raison,
Ne paraissent point dans l'enfance,
Et demeurent comme en prison;

C'est qu'on suce le lait d'une pauvre nourrice,
Et Dieu, qui conduit tout sagement à sa fin,
De nos divins talens réserve l'exercice
Pour le temps précieux que nous boirons du vin.

SERISAY.

Nous sommes satisfaits de vos stances bacchiques,
Et vous êtes reçus buveurs académiques.
Mais de peur de vieillir à réformer les mots,
Nous allons travailler; laissez-nous en repos:
La chose qui se traite est assez d'importance.

FARET.

Nous nous tairons.

M. LE CHANCELIER.

Sortez, c'est le mieux que je pense.

FARET.

Si nous vous offensons, monsieur le chancelier,
Vous aurez la bonté de vouloir l'oublier.

SCÈNE III.

M. LE CHANCELIER, SERISAY, GODEAU, DES MARETS, SILHON, CHAPELAIN, GOMBAULD, BOISROBERT, L'ESTOILE, GOMBERVILLE, BAUDOIN, etc.

SERISAY.

Enfin, ils sont sortis. Sans tarder davantage,
Réformons les défauts que l'on trouve au langage;
Et d'un style trop vieux faisons-en un nouveau.
Vous, parlez le premier, docte et sage Godeau.

GODEAU.

C'est m'obliger beaucoup : et cette déférence
Serait due à quelque autre avec plus d'apparence.

SERISAY.

Vous êtes trop modeste, et votre dignité...

GODEAU.

Je reçois cet honneur sans l'avoir mérité :

Je le dois purement à votre courtoisie.
####### SERISAY.
On n'en saurait avoir aucune jalousie.
####### GODEAU.
Je dirai donc, messieurs, qu'il est très-important
D'ôter de notre langue *or, pour ce que, d'autant.*
C'est là mon sentiment : vous me voyez attendre
Que quelque émulateur s'apprête à les défendre.
####### DES MARETS.
Silhon s'oppose enfin.
####### SERISAY.
####### Parlez distinctement.
Vous, monsieur de Godeau.
####### GODEAU.
############ Je dis premièrement
Que ces mots sont usés, qu'ils tombent de vieillesse;
Et d'ailleurs il s'y trouve une grande rudesse.
####### SILHON.
Inepte sentiment! absurde vision!
Ces mots mènent enfin à la conclusion :
L'un sert à résumer, comme à la conséquence;
Les autres, à prouver les choses d'importance.
####### GODEAU.
Le premier sent l'école et tient trop du pédant;
Et tous ont trop vécu.
####### LA TROUPE.
######## Nous en disons autant.
####### SILHON.
Qu'ils soient bannis des vers et conservés en prose.
####### DES MARETS.
Aujourd'hui prose et vers sont une même chose.
####### CHAPELAIN.
Il est bien échauffé : qu'on lui tâte le pouls.
####### SERISAY.
C'est assez disputé, messieurs, asseyez-vous :
Que quelque autre succède à l'évêque de Grasse.

Parlez, vous, Chapelain, sans user de préface.
CHAPELAIN.
Il conste, il nous appert, sont termes de barreau,
Que leur antiquité doit porter au tombeau.
SILHON.
J'estime en Chapelain la bonté de nature
Qui veut donner aux mots, même la sépulture.
CHAPELAIN.
Horace les fait naître, et puis les fait mourir (18).
Sans quelque métaphore on ne peut discourir.
SILHON.
Les mots peuvent mourir; mais jamais métaphore
N'avait dressé tombeau pour de tels mots encore.
LA TROUPE.
Il conste, il nous appert, doivent être abolis;
Mais on ne les voit pas encore ensevelis.
GOMBAULD.
Je dis que la coutume, assez souvent trop forte,
Fait dire improprement que l'on *ferme la porte*.
L'usage tous les jours autorise des mots
Dont on se sert pourtant assez mal à propos.
Pour avoir moins de froid à la fin de décembre,
On va *pousser sa porte* et l'on *ferme sa chambre*.
SERISAY.
En matière d'état vous savez que les rois
N'ôtent pas tout d'un coup les anciennes lois;
De même dans les mots ce n'est pas être sage,
Que d'ôter pleinement ce qu'approuve l'usage.
LA TROUPE.
Digne raisonnement! noble comparaison!
Gombauld n'a pas de tort, et vous avez raison.
BOISROBERT.
Messieurs, je veux ôter un terme de coquette;
C'est le mot *d'à ravir*.
L'ESTOILE.
Il est bon en fleurette.

Cent et cent faux galans en leur fade entretien,
De ce mot *d'à ravir* se servent assez bien :
Et principalement dans les amours de ville,
A ravir se rendra chaque jour plus utile.
LA TROUPE.
Nous n'avons parmi nous que des auteurs de cour,
Et partant ennemis de ce dernier amour.
Les dames du quartier auront leur cotterie,
A qui nous laisserons le droit de bourgeoisie.
GOMBERVILLE.
Que ferons-nous, messieurs, de *car* (19) et de *pourquoi* ?
DES MARETS.
Que deviendrait sans *car*, l'autorité du roi ?
GOMBERVILLE.
Le roi sera toujours ce que le roi doit être,
Et ce n'est pas un mot qui le rend notre maître.
GOMBAULD.
Beau titre que le *car*, au suprême pouvoir,
Pour prescrire aux sujets la règle et le devoir !
DES MARETS.
Je vous connais, Gombeauld: vous êtes hérétique (20),
Et partisan secret de toute république.
GOMBAULD.
Je suis fort bon sujet, et le serai toujours ;
Prêt de mourir pour *car*, après un tel discours.
DES MARETS.
Du *car* viennent les lois : sans *car* point d'ordonnance ;
Et ce ne serait plus que désordre et licence.
GOMBAULD.
Je demande pardon, si trop mal à propos,
J'ai parlé contre un mot qui maintient le repos.
COMBERVILLE, *à Des Marets*.
L'effort de votre esprit en chose imaginaire,
Vous rendra, Des Marets, un grand visionnaire.
Le poëte, le vaillant, le riche, l'amoureux,
Feront de leur auteur un aussi grand fou qu'eux (21).

DES MARETS.
Un faiseur de romans, père de Polexandre,
A corriger les fous, n'a pas droit de prétendre.
M. LE CHANCELIER.
Ni vous autres, messieurs, droit de vous quereller.
Laissez le *car* en paix : il n'en faut plus parler.
GOMBERVILLE.
Et le pourquoi, messieurs ?
LA TROUPE.
              Sans cesse il questionne :
Qu'il soit moins importun, ou bien on l'abandonne.
L'ESTOILE.
Je ne saurais souffrir le vieux *auparavant*,
Qui se trouve cent fois à la place d'*avant*.
BAUDOIN.
Pour mes traductions c'est un mot nécessaire;
Et si l'on s'en sert mal, je n'y saurais que faire.
L'ESTOILE.
Peut-être voudrez-vous garder encor jadis?
BAUDOIN.
Sans lui comment rimer si bien à paradis.
L'ESTOILE.
Paradis, est un mot ignoré du Parnasse,
Et les cieux dans nos vers auront meilleure grâce.
SERISAY.
Que dira Colletet?
COLLETET.
           Le plus grand de mes soins
Est d'ôter *nonobstant*, et casser *néanmoins*.
HABERT.
Condamner *néanmoins*! d'où vient cette pensée?
Colletet, avez-vous la cervelle blessée?
Néanmoins! qui remplit et coule doucement;
Qui met dans le discours un certain ornement.....
Pour casser *nonobstant*, c'est un méchant office,

Que nous nous rendrions dans les cours de justice.
DES MARETS.
Puisque *car* est sauvé, laissons le reste en paix,
Et faisons une loi, qui demeure à jamais.
« Les auteurs assemblés pour régler le langage,
» Ont enfin décidé dans leur Aréopage;
» Voici les mots soufferts, voici les mots cassés.....
Monsieur de Serisay, c'est à vous : prononcez.
SERISAY.
Grâce à Dieu, compagnons, la divine assemblée
A si bien travaillé, que la langue est réglée.
Nous avons retranché ces durs et rudes mots,
Qui semblaient introduits par les barbares Gots.
Et s'il en reste aucun en faveur de l'usage,
Il sera désormais un méchant personnage.
« Or, qui fit l'important, déchu de tous honneurs,
» Ne pourra plus servir qu'à de vieux raisonneurs.
» *Combien que*, *pour ce que*, font un son incommode,
» Et *d'autant*, et *parfois*, ne sont plus à la mode.
» *Il conste*, *il nous appert*, sont termes de barreau;
» Mais le plaideur français aime un air plus nouveau.
» *Il appert* était bon pour Cujas et Barthole (22).
» *Il conste* ira trouver le parlement de Dôle,
» Où, malgré sa vieillesse il se rendra commun,
» Par les graves discours de l'orateur Le Brun (23).
» Du pieux Chapelain la bonté paternelle,
» Peut garder son tombeau pour sa propre *Pucelle*.
» Aux stériles esprits dans leur fade entretien :
» On permet *à ravir*, lequel n'exprime rien.
» *Jadis*, est conservé par respect pour Malherbe.
» Dans l'ode il a marché, *jadis*, grave et superbe;
» Et de là s'abaissant en faveur de Scarron,
» Il a pris l'air burlesque et le comique ton;
» Mais il demeure exclus du discours ordinaire :
» Vieux *jadis*, c'est pour vous tout ce que l'on peut faire.
» Il faudra modérer cet indiscret *pourquoi*;

» Et révérer le *car* pour l'intérêt du roi.
» En toute nation la coutume est bien forte;
» On dira cependant que l'on pousse la porte.
» Nous souffrons *néanmoins*, et craignant le palais,
» Nous laissons *nonobstant*, en repos pour jamais.
» Qu'au milieu des cités la vaine cotterie,
» Au prodigue Cadeau soit toujours assortie :
» Et que dans le repas ainsi que dans l'amour,
» Ils demeurent bourgeois, éloignés de la cour. »
Auteurs, mes compagnons, qui réglez le langage,
Avons-nous assez fait; en faut-il davantage?
LA TROUPE.
Voilà ce qu'à-peu-près nous pensions réformer :
Anathème sur ceux qui voudront le blâmer;
Et soit traité chez nous plus mal qu'un hérétique,
Qui ne reconnaîtra la troupe académique.
DES MARETS.
A ce divin arrêt, des arrêts le plus beau,
Je m'en vais tout-à-l'heure apposer le grand sceau.

FIN.

NOTES.

(1) Cette pièce avait d'abord pour titre : *La Comédie des Académistes, pour la réformation de la langue française.* Elle fut faite au commencement de l'année 1643, c'est-à-dire environ huit ans après l'établissement de l'Académie. Après avoir couru long-temps manuscrite, on l'imprima en 1650, mais si horriblement défigurée, que M. de Saint-Evremond ne s'y reconnaissait plus. Madame la duchesse de Mazarin l'ayant engagé à la revoir en 1680, il aima mieux la refondre que la corriger. Ceux qui prendront la peine de comparer la première édition avec celle qu'on donne présentement, verront bien que c'est ici une pièce toute nouvelle. On a cru devoir marquer exactement le temps où cette comédie a été retouchée, parce que sans cela on y trouverait quelques anachronismes.

(2) Chapelain a fait un très-méchant poème intitulé *la Pucelle.* Il en récitait alors des lambeaux dans les compagnies où il se trouvait.

(3) Comédie de Boisrobert.

(4) L'Estoile, Colletet et Boisrobert étaient du nombre de ceux qui travaillaient à des pièces de théâtre, par ordre du cardinal de Richelieu, et souvent même avec lui. Voy. l'*Histoire de l'Académie française*, par M. Pelisson.

(5) Boisrobert était alors en sa plus haute faveur auprès du cardinal de Richelieu, et son plus grand

soin était de délasser l'esprit de son maître après le bruit et l'embarras des affaires, tantôt par ses agréables contes, qu'il faisait mieux que personne du monde, tantôt en lui rapportant toutes les petites nouvelles de la cour et de la ville ; et ce divertissement était si utile au cardinal, que son premier médecin, M. Citois, avait accoutumé de lui dire : « Monseigneur, nous ferons tout ce que nous pourrons pour votre santé ; mais toutes nos drogues sont inutiles, si vous n'y mêlez un peu de Boisrobert. (*Hist. de l'Acad. franç.*)

(6) On accusait fort Boisrobert du vice de non-conformité, témoin ces deux vers de Ménage, dans sa *Requête des Dictionnaires :*

Cet admirable patelin
Aimant le genre masculin.

(7) Davila a écrit en italien *l'Histoire des Guerres civiles de France*, depuis la mort de Henri II jusqu'à la paix de Vervins. Baudoin l'a traduite en français, et c'est le plus supportable de ses ouvrages.

(8) Colletet était extrêmement pauvre.

(9) Godeau a paraphrasé en vers le cantique des enfans, *Benedicite, omnia opera Domini, etc.* C'est une de ses meilleures pièces.

(10) Colletet ayant porté au cardinal le *Monologue des Tuileries*, il s'arrêta particulièrement sur deux vers de la description du carré d'eau en cet endroit :

La cane s'humecter de la bourbe de l'eau,
D'une voix enrouée et d'un battement d'aile,
Animer le canard qui languit auprès d'elle :

Et après avoir écouté tout le reste, il lui donna de sa propre main cinquante pistoles avec ces paroles obligeantes, que c'était seulement pour ces deux derniers vers, qu'il avait trouvés si beaux, et que le roi n'était pas assez riche pour payer tout le reste. Au lieu de la cane s'humecter de la bourbe de l'eau, le cardinal voulut lui persuader de mettre barbotter dans la bourbe de l'eau, etc. Pelis. (*Hist. de l'Acad.*) Pour donner plus de ridicule à Colletet, M. de Saint-Évremond emploie ici le terme de cane barbotante. Le *Monologue*, qui est une assez méchante pièce, est imprimé devant la comédie des Tuileries; c'est une description du palais et du Jardin des Tuileries, tels qu'ils étaient dans ce temps-là.

(11) Colomby était de Caen en Normandie, et parent de Malherbe, dont il fut disciple et sectateur... Il avait une charge à la cour, qui n'avait point été avant lui, et n'a point été depuis; car il se qualifiait : orateur du roi pour les affaires d'état. Pelis. (*Hist. de l'Acad.*)

(12) Vers de Bertaud, évêque de Séez, qui se fit estimer en son temps par ses poésies. Il mourut en 1611.

(13) Porchères d'Arbaud avait été intendant des plaisirs nocturnes; charge dont il ne restait plus qu'un nom ridicule.

(14) D'ordinaire les poètes choisissent un dame distinguée par sa beauté, ou par son mérite, pour l'aimer en idée, et en faire l'objet de leurs vœux poétiques. Chapelain avait choisi la comtesse de Vermeil. Touchant cette coutume des poètes, voyez le DICTIONNAIRE de Bayle, à l'article Malherbe.

(15) Silhon a fait un *Traité de l'immortalité de l'âme*, un livre de politique intitulé *le Ministre d'État*, autres ouvrages.

(16) Mademoiselle de Gournai se disait fille d'alliance de Montagne, dont elle a publié les *Essais*, corrigés et augmentés. Dans une préface curieuse qu'elle mit à la tête de cette édition, et dans quelques autres ouvrages, elle se déclara hautement pour les vieux mots et les phrases surannées. Voyez le *Dictionnaire* de Bayle.)

(17) L'Académie n'avait point au commencement de lieu fixe pour tenir ses assemblées. On les tenait tantôt chez un des académiciens et tantôt chez un autre, jusqu'à ce que M. le chancelier fît dire à la compagnie qu'il désirait qu'à l'avenir elle s'assemblât chez lui. (Voy. Pélis., *Hist. de l'Acad.*)

(18) *Ut silvæ foliis pronos mutantur in annos,*
Prima cadunt : ita verborum vetus interit ætas,
Et juvenum ritu florent modò nota, vigentque.
(HORAT. de Arte poet., v. 60.)

(19) Gomberville avait une si furieuse antipathie pour le *car*, qu'il se vanta un jour de ne l'avoir jamais employé dans les cinq volumes du *Polexandre*. Voyez dans les OEuvres de Voiture, cette agréable lettre, qui commence : Mademoiselle, *car* étant d'une si grande considération en notre langue, etc.

(20) Gombauld était protestant.

(21) Des Marets a fait une comédie intitulée *les Visionnaires*, qui est son chef-d'œuvre, et dont les quatre

principaux personnages sont un capitan, un poète extravagant, un amoureux en idée, et un riche imaginaire. Sur la fin de sa vie, il donna dans le fanatisme, et se remplit la tête de visions prophétiques. Voyez le *Dictionnaire de Bayle*.

(22) Deux célèbres jurisconsultes.

(23) M. Le Brun, procureur général au parlement de Dôle, s'en servait toujours. Touhant. M. Le Brun, voyez le *Dictionnaire de Bayle*.

FIN DES NOTES.

PIÈCES EN VENTE.

TARTUFE, comédie en 5 actes de Molière.	25 c.
LE MISANTROPE, comédie en 5 actes du même.	25 c.
MAHOMET, ou LE FANATISME, tragédie en 5 actes, par Voltaire.	25 c.
CHARLES IX, tragédie en 5 actes, par Chénier.	25 c.
FÉNELON, ou LES RELIGIEUSES DE CAMBRAY, drame en 5 actes et en vers.	25 c.
POLYEUCTE, tragédie en 5 actes, par Corneille.	25 c.
LES FRÈRES ENNEMIS, tragédie en 5 actes, par J. Racine.	25 c.
ESTHER, tragédie en 5 actes, par le même.	25 c.
LE BARBIER DE SÉVILLE, comédie en 4 actes, par le même.	25 c.
LE MARIAGE DE FIGARO, comédie en 5 actes, par Beaumarchais.	50 c.
LA MÈRE COUPABLE, comédie en 5 actes, par le même.	25 c.
LA MORT DE CÉSAR, tragédie en 5 actes, par Voltaire.	25 c.
LES VICTIMES CLOÎTRÉES, drame en 5 actes, par Monvel.	
MÉLANIE, ou LA RELIGIEUSE FORCÉE, drame en 3 actes, par La Harpe.	25 c.

Sous presse,

LE LÉGATAIRE UNIVERSEL, de Regnard.
LE JOUEUR, du même.
BRITANNICUS, tragédie de Racine.

www.ingramcontent.com/pod-product-compliance
Lightning Source LLC
Chambersburg PA
CBHW060504050426
42451CB00009B/811